辰巳芳子
スープの手ほどき
洋の部

辰巳芳子

書

辰巳芳子　スープの手ほどき　洋の部

第一章 まずつくるべき汁もの

民族が生き抜いた道筋にある食方法は、
他民族をも生きてゆき易くする。
ポトフはその代表的なものの一つであろう。
その故に、この程度のことは楽にこなせる
家庭生活を営んでいただきたい。
何気なく見えるこんなことが欠落すると、
かならず愛は行きづまる。
愛は具体的に油断なく育てぬと凋落《しお》れるものだ。

それはポトフ

辰巳芳子

ポトフの語源は、ポは壺（深鍋）、フは火のこと。フランス呼称。西欧いずれの国にも同系のものがあるはずである。

ロシアのボルシチ、スペインのコシドなど。

ポトフの原型は、以下のとおり。

- 煮たほうが効果的な各種の肉類の部位（新鮮なものを用いる。焼く時は熟成させたものが好まれる）
- 土地柄の野菜
- 豆（スペイン）
- 香辛料、水、塩

これらを深鍋で暖を兼ねた暖炉の火で日がなことこと炊く。煮えたらスープをすくい、肉も野菜も食したいだけ取り出す。続けて足らなくなったものを補い、さらに火にかけておく（一八〇〇年代にフランスで勉強した祖父の思い出話）。食し方は、スープと具材を一皿にして食す場合も、別々に食す場合もある。この原型は西欧の生活そのものであったろう。

その後、生活様式全般の変化に伴い、洗練を重ね今日に至った。雑味は軽減し、客料理として供しうるところまで進歩した。

ところで、ここに紹介の方法は、現今の日本人向けである。五百余名の食生活調査から推測する調理力を配慮に入れた調理法である。

「えっ、二日がかり」と退けないで欲しい。一日目に肉だけ炊くから、多くの方が作れるはずである。

手順を追い、理に適っていることを解説する。

一日目

1 肉類を湯引き、流水でよく洗う。スープに肉臭とアクが出るのを防ぐ。

2 **1**を鍋に入れ、香味野菜と香辛料、塩を加えて水から炊く。直火または二重鍋を用いてもよい（就寝前に仕込むと、寝ている間に煮える。私は常にこの方法）。

3　肉が煮えたら野菜類は引き上げる。

4　**3**のスープの中に肉はそのまま浸しておく（スープに滲出《しんしゅつ》している旨味を、肉に吸い戻すため）。

二日目

5　**4**の鍋の上部には、浮いた脂肪が固まっている。これを完全に除去する。

6　用いる野菜を順次湯引く。野菜にもアクがあり、仕上がりの嫌味となるから。

7　**6**を順次スープ鍋に沈め、塩味を調えて静かに炊く。途中アクをすくうが、アクは少ないはず。

8　野菜類を美味しく食すには、炊けた順に別の器に取り出す。

詳しいつくり方、供し方は、以下を参照。

「洋の部」については、スープと献立の制作をすべて、スープの会の矢板靖代さんにお任せした。感謝している。

西欧の生活そのもの

豚肉と鶏手羽先のポトフ

豚肉と鶏手羽先のポトフ

1日目（スープ）の材料

豚肩ロース肉又は牛すね肉（塊）…1キログラム、鶏手羽先…7本（牛すね肉を使う場合は不要）、水…カップ15程度

香味野菜

たまねぎ…1個（縦2つに切る）

にんじん…2分の1本（縦4つ）

セロリの茎…1本（5センチ長さ）

昆布…5センチ角3～4枚

干ししいたけ…3～4枚

ブーケ・ガルニ（パセリ茎、タイム枝、ローリエをたこ糸で束ねる）…1束

粒こしょう…10粒、塩…大さじ1～

2日目（野菜）の材料

キャベツ…小1個

小たまねぎ…5個

セロリの茎…2本

にんじん…1と2分の1本

じゃがいも（メイクイン）…7～8個

小かぶ…5個

1日目のつくり方

1　4人分で最低1キログラムの肉を塊で用意する。大きな鍋にたっぷりの湯（分量外）を沸かす。レモンスライス2〜3片（分量外）を浮かべ、肉の塊を入れて表面の色が七分程度変わるまで湯引く。

2　湯引いたら肉を鍋から取り出し、流水の下でていねいに洗う。

3　鶏手羽先を使う場合は、関節で先ともとに切り分け、**1**と同じ鍋で湯引き、豚肉と同様に流水でよく洗う。

4　**1**〜**3**の処理をした肉類と香味野菜、残りの1日目の材料をすべて別鍋に入れて火にかける。煮立ったらアクを取り、肉が軟らかくなるまで静かに煮る。

5　肉が軟らかくなるまで普通の鍋で40〜50分かかる。二重鍋なら煮立ってから10分ほど煮てアクを取り、外鍋へ入れて4〜5時間おく。野菜は途中、軟らかくなりすぎぬうちに取り出す。鶏手羽先も火が通ったら取り出してよい。

6　**5**の野菜はポトフには使わないが、別の料理に展開できる。肉が十分軟らかくなったら火を止めて具材をすべてさらい、肉だけをスープに戻して一晩おく。

1日目のかんどころ

湯を沸かした鍋に肉の塊を入れて湯引く。表面の色が変わったら鍋から出し、流水でよく洗う。

鶏手羽先は関節で先ともとに切り分ける。豚肉と同じ鍋で湯引いて取り出し、流水でよく洗う。

別鍋に分量の水を張り、肉類と香味野菜、塩、こしょうを入れて火にかける。煮立ったらアクを取る。

肉が軟らかくなるまで普通40～50分かかる。野菜は途中、軟らかくなりすぎぬうちに取り出す。

火を止めてすべての具材を取り出し、肉類だけをスープに戻して一晩おく。翌日、固まった脂を除く。

2日目のつくり方

1　一晩おいた鍋から固まった脂を除き、肉を取り出し、スープを布などでこす。

2　野菜の湯引き仕事をする。別鍋に塩を濃いめに入れた湯（分量外）を沸かし、キャベツから順次、野菜を湯引き、アクを除く。キャベツは芯をくり抜き、たこ糸で十文字に縛って鍋に入れる。途中で上下を返し、キャベツの色が冴え、再び沸騰したら引き上げる。

3　2の鍋の隣で1のスープを静かに煮立たせ、湯引いた野菜をキャベツから、順次入れる。皮をむき丸のままのたまねぎ、7センチ長さに切ったセロリ、皮をむき16ページ指の写真のように切ったにんじんを湯引き、1の鍋に移し入れる。

4　じゃがいもは皮をむき10分以内で水にさらしてから湯引き、小かぶは皮をむき、1センチほど茎を残して湯引く。野菜がすべてスープへ移ったら、スープに吸い物程度に塩味をつける。

5　スープを静かに煮つづけ、軟らかくなった野菜から順次取り出し、ホイルなどで保温する。野菜がすべて煮えたら肉とともに鍋へ戻し温める。供し方はさまざま。

供し方の一例

具材は適宜切り、スープと一皿に供する例もある（8ページ）。左はスープをカップで受け、オーブンで温めた肉と野菜を主菜にした。肉のソースとしてサルサ・ヴェルデ（写真の右下）などを添える。

サルサ・ヴェルデ材料

きゅうりピクルス（甘口）カップ2分の1、ケイパー大さじ1、にんにく1片、イタリアンパセリ2本、たまねぎ20グラム、オリーブ油と酢・ウスターソース各カップ3分の1、塩小さじ3分の2、レモン汁少々、タバスコ又はかんずり適宜

つくり方

ピクルス、ケイパー、にんにく、パセリ、たまねぎはみじん切りにする。オリーブ油と酢、ウスターソース、塩、レモン汁、タバスコを野菜類とよく混ぜる。好みでこしょう少々を加える。

2日目のかんどころ

火が通りにくい野菜から塩湯で湯引く。キャベツは芯をくり抜き、たこ糸で縛り、途中で上下を返す。

湯引き鍋の隣で、肉を出して布でこした1日目のスープを温め、湯引いた野菜を順次スープへ移す。

じゃがいもは10分以内で水にさらし、湯引く。全野菜がスープへ移ったら、スープを塩で調味。

軟らかくなった野菜から順次取り出す。野菜がすべて煮えたら肉とともに鍋へ戻し、温める。

野菜を湯引く

「湯引く」という方法であるが、肉を湯引くところまでは多くの例をみるが、野菜まで湯引く例は少ない。

この方法は、胸組泰夫《むなぐみやすお》さんという、名料理人が教えてくださった。この方は、祖母、母上も料理人。お二人とも各国大使館で仕事をされた。その故に胸組さんは、国々の家庭料理をも知っておられた。それが、この方の独自性を育てたと思う。克明、緻密、膨大なレセピ、独特の筆跡であったものを忘れ得ない。日本のフランス料理進歩の力となった方だった。その方由来の方法であるから、採り入れて欲しい。

私はぶり大根の大根を糠水で下茹でし、実に効果的である。おでんも似たようにするが、大いに喜ばれる。本ものの仕事は、本ものの人生を創ることを忘れないで欲しい。

こうして作ったポトフは、後々展開して全く別の形にして美味しく食せる。

辰巳芳子 スープの手ほどき 洋の部 ◉目次

写真

後　勝彦

洋の汁もの

澄んだスープ、コンソメの類
ポタージュ・クレール

- 牛肉
- 豚肉
- 野菜

とろみのあるスープ、日本でいうポタージュ
ポタージュ・リエ

- 穀類（小麦、そば、燕麦、乾豆、パン、とうもろこし）
- 野菜類（じゃがいも、えんどう、そら豆、かぼちゃ、くり）

一段目
汁ものの種類

二段目
材料やスープの具体例

野菜を細かく刻んだ汁仕立て

ポタージュ・キュルディヴァトゥール ― プチマルミットのようなじゃがいものスープ、ミネストローネなど

魚介類のスープ ― お国ぶりのブイヤベース各種

汁と鍋ものの両性を持つもの

家庭のポタージュ ― ポトフ（フランス）、ボルシチ（ロシア）、コシド（スペイン）など

序文に代えて

わきまえ事

お茶の間の火鉢のかたわらで、なんと色々のこと、、を教えてもらったであろう。

「かき餅ってもんは三十六回返すと、万遍なく焼けるものよ／海苔を焼く時は、中表に合わせ、海苔のふちからふちへ、網の上をなぞるように焼いてゆくと、まん中は自然に焼けてゆくものよ／金柑を煮る時は／豆を炊くには／やわらかい炭と硬い炭は、とり合わせて使う／炭火を立てる／ねかせる、炭火の上から灰をふりかける／粉炭をびっくりするほどいけ込み、灰全体をあたためる」などなど。

母は料理を教えるつもりなど全く持たず、素材にふさわしい火力のつくり方、その用い方を教えた。つまり「火」に対するわきまえ事を見せ、聞かせた。

わきまえ事と一言でいえば、ものの道理、ものことの方則であると思う。

それかこれか、いま私は、ガス火を「0（余熱）から10」と計り、時に覆いを用いる。他人様にも同様に教える。教えることができる。思うにこの火の扱いから自然発生的に溢出したのが、私のスープかもしれない。

教えようと思って、教えたのではない。

つくろうと思って、つくったのではない。

他意のないこと、そのものであった。

私のスープの歴史は、四十余年前にさかのぼる。私のフランス料理の師匠は、加藤正之先生。スープと野菜で十四年の修業をなさり、宮内庁大膳寮で秋山徳蔵先生と共に仕事をされた。かのポール・クローデル（駐日フランス大使だった）が、大膳寮の料理を世界一と絶賛した時代と重なる。先生は完全献立で教えられ、スープはコースの最初に供し、料理全体の幸先を示すからと、細心の注意を払われた。

先生のスープに対する態度は、当然私にのり移った。スープをつくっていると、先生の言葉が耳によみがえる。十三年の稽古だもの。先生も母も亡き後、スープは一見みなし児になるかと見えたが、いのちをかけて養われたものは芽吹くものである。

教え子と共に鎌倉のタケダ訪問看護クリニックへ、スープサービスをする／後継者の養成／本の出版／医療の場への助言。

五年前、こんなこともあった。味の素が私のスープを分析させて欲しいといった。

「びっくりしました。グルタミンが多量に残っていました。グルタミンは加熱すると消失するのが定石であるのに、ノーベル賞ものですよ」

私のスープは生クリームもバターも使わぬ程質素である。何故、グルタミンという旨味が残存しているか。材料でなく技術である。即ち0から10に至る火加減の故であろう。加えて、具材をまぜ合わせるへら使いもあるだろう。へら使いは、風呂場で体を洗ってもらった思い出の応用だ。色々な人がお風呂に入れてくれたが、母は、左から右へ、右から左へと組織的に洗い、心地よかった。この洗われ心地を、たまねぎ、じゃがいもにあてはめた。具材はくずれず、つやを帯びて火が通る。

「0から10へ　左から右へ」

七十余年を経た深井戸からの汲み上げ。

いま一番、嬉しいのは、逝く方が美味しいとほほえまれたという知らせである。

第二章

洋の基本蒸らし炒め

蒸らし炒めの技法は、
以後何度も
登場するため
ここに詳しくまとめる。

人はいつの頃からか、
蒸らし炒めという
手法に行き着いた。
こういう野菜の扱いは、
人類の大発見に匹敵する。
私の技法は時とともに改良を重ね、
欧州風をも超え得たかもしれぬ。

蒸らし炒めのこと

ポタージュという呼称は、実はスープの総称である。とろみのあるスープをよくポタージュというが、これは思い違い。とろみスープをポタージュ・リエ、澄んだスープをポタージュ・クレールと呼ぶ。ポタージュ・リエは食材を渾然一体とさせ、とろみをつける性質上、個々別々にものが食べられない方に向く。蒸らし炒めは、そのポタージュ・リエに必須の手法である。この手法は、日本・中華の調理手法には全くない。故に前提として手法内容をよくよく読み、仕事をしてほしい。

まず、厚手の鍋を選ぶ。ふたが重く、鍋本体に吸い付く出来が望ましい。つまり、野菜類から滲出する水分で蒸気をつくり、野菜全体に汗をかかせ、火力の調節を手がかりに野菜類を軟らかくし、旨味を引き出すから。密閉性も必要の故である。

火加減は野菜類が焦げぬよう、0（余熱）〜10（最強）のうち、2〜5程度を使い分ける。通常、旨味成分（グルタミン）は熱で消失するが、この手法を用いると残存する（味の素株式会社の実験）。故に、私のスープは材料が質素であっても美味。

蒸らし炒めのかんどころ

野菜に等しく火を通すため、たまねぎは1ミリ、じゃがいもは8ミリなどと厚さを揃え切る。

鍋にオリーブ油と最初の野菜（たまねぎが多い）を入れ、混ぜて均一に油をまとわせた後、着火する。

ふたをし、時々木べらで中を混ぜる。木べらは鍋底に垂直に構え、ぬかりなくまんべんなく混ぜる。

最初がたまねぎの場合、刺激臭が消えたら次の野菜を加える。つなぎは、じゃがいもや生米など。

火が通りにくい野菜から順に加え、それぞれを蒸気で透き通るまで炒める。最後は等しく火が入る。

途中、焦げるのであれば、水少量を足す。ふたについた蒸気も大切に鍋へ戻し、旨味成分を逃さない。

ブイヨンを注ぐ場合

炒め終わりは野菜がつやつやし、そのまま食せる様相。そうなったらはじめて、ブイヨンを加える。

ブイヨンは分量すべてでなく、野菜がひたひたになる程度に注ぐ。塩半量を加え、底味をつける。

ふたをして、ふつふつと静かに煮る。すべての野菜が十分に軟らかくなったら、火を止める。

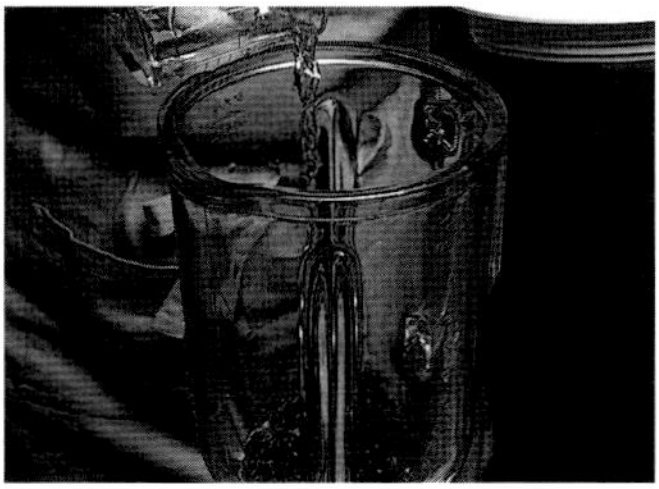

火から下ろし、ローリエがあれば除き、ミキサーへ。粗熱はとるが、なるべく熱いうちにかける。

固形物がなくなるまでミキサーをまわし、こし器を通してきれいな鍋へ戻す。粘りが出ぬように。

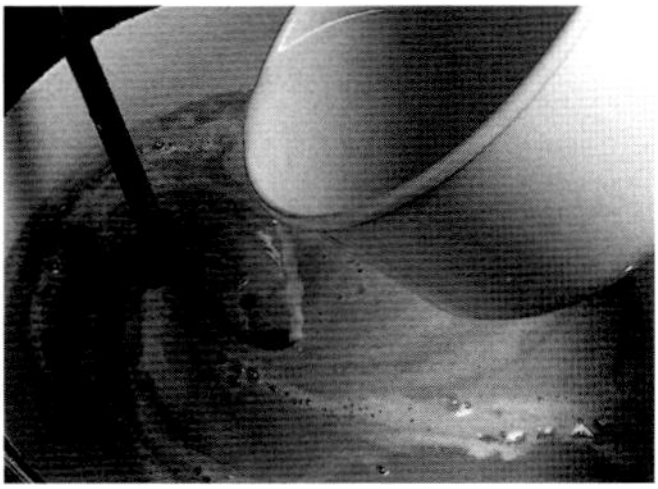

再び火にかけ、残りのブイヨンや牛乳などで濃度を調節する。味をみて、残りの塩を投入する。

おいしいスープは、
知識の裏付けによる
冷静な分析に支えられた、
練習量から生じる。
私のスープ作法は栄養を逃さないが、
さらにおいしくなければ意味がない。
おいしいものには、
自然に栄養も備わっている。

第三章

春のポタージュ・リエ

万人に万事

ポタージュ・ボン・ファム

ポタージュ・ボン・ファム

材料
じゃがいも（男爵）…500グラム
にんじん…180グラム
たまねぎ…150グラム
セロリの茎…150〜180グラム
オリーブ油…大さじ3
鶏のブイヨン…カップ6〜7
ローリエ…1枚、牛乳…カップ1〜2
塩…小さじ2

下拵え
野菜類を切る。じゃがいもは7ミリ厚さのいちょう切り、にんじんは5ミリ厚さのいちょう切りにし、それぞれ10分以内で水にさらす。たまねぎは薄切りにする。セロリは3ミリ厚さの小口切りにし、さっと洗って水気をきる。

つくり方（鶏のブイヨンは166ページの市販品を参照。以下同じ）

1　30ページの要領で、蒸らし炒める。
点火する前の鍋にたまねぎとローリエを入れ、オリーブ油大さじ2を上からかけまわし、木べらで均一にからませて着火する。

2　残りの野菜をにんじん、セロリ、じゃがいもの順に加え、蒸らし炒めを続ける。焦げそうであればオリーブ油大さじ1を回し入れ、野菜類に七分どおり火が通るようにする。

3　鶏のブイヨンを野菜ひたひたに注ぎ、塩半量を加えて中火の強にかける。煮えがついたらていねいにアクをとり、ふたをして弱火で煮る。野菜が十分煮えたら火を止める。

4　**3**の鍋からローリエを除き、熱いうちにミキサーにかける。なめらかになったら、こし器を通してきれいな鍋へ戻す。鍋を火にかけ、ブイヨンと牛乳を加えて濃度を調節し、残りの塩で味を調える。37ページの浮き実はブイヨンで温めた豆腐。

かんどころ

野菜は大きさや厚さを揃える。根菜は旨味を保ったままアクを除くため、10分以内で水にさらす。

鍋や野菜で異なるが、ひとつの野菜を入れてから5～10分程は蒸らし炒め、次の野菜を投じる。

ふたの裏の水分も大切に鍋へ返す。焦げ付きやすい時は、オリーブ油や水を少量加えてよい。

鶏のブイヨンは全体の分量にかかわらず、はじめは野菜類がひたひたに浸かるよう加える。

展開例

おかゆとともに

スープの栄養に主食を補う。おかゆはスープと食感が似て食べやすい。病人に供する時は、パセリを擂鉢《すりばち》でするなどの工夫をする。

そばがきとともに

そばがきを牛乳で練ると、くせが収まり、洋風のスープになじみやすい。

春の息吹を生かしきる

クレソンのポタージュ

匂い立つ緑と鮮烈な香り

ポトフを生んだフランス人でさえ、近頃はスープをつくらなくなったと聞く。それでも、コンソメ類とクレソンのポタージュは、今も頻繁に食卓へ上るのだという。

クレソンのポタージュは左様に、フランス人に愛されている。惜しむらくは、多くのフランス人はクレソンの軸も葉も、同時に刻んでスープに投じる。鮮烈な色と香りが半減し、栄養も損失する。

私はこのスープに、他に例のない手法を用いることにした。クレソンの軸と葉をちぎり分け、葉は湯引き、半液体状のピュレにして用いる。

この手法を守れば、スープは色と香りを失わない。ビタミン類も確実に留まる。

クレソンのあらゆる成分を生かしきれるのである。

クレソンのポタージュ

材料

クレソン…150～200グラム
たまねぎと長ねぎ（たまねぎ6対長ねぎ4の割合）…合計150グラム
オリーブ油…大さじ3
じゃがいも（男爵）…500グラム
鶏のブイヨン…カップ4と2分の1～カップ6
塩…小さじ2、牛乳…カップ1～2

下拵え

クレソンは軸と葉にちぎり分け、別々に水にさらす。水を2回替え、汚れを落とす。軸は小口切り、葉は湯引き刻む（つくり方3）。たまねぎは2つに割って3ミリ厚さの薄切り、長ねぎは小口切り。じゃがいもは7ミリ厚さの小口切りにし、10分以内で水にさらす。

つくり方

1　30ページの要領で蒸らし炒める。
鍋にたまねぎと長ねぎを入れ、オリーブ油をからませて着火する。

2　残りの野菜はじゃがいも、クレソンの軸の順に加え炒める。炒め終えたら鶏のブイヨンをひたひたに注ぎ、塩半量を加えて煮る。

3　蒸らし炒めの間に、クレソンの葉を塩湯（分量外）で湯引く。ざるにひとつかみずつの葉を入れ、塩湯に沈めて2呼吸おき、氷水にさらす。水気を軽く搾り、刻んでミキサーへ入れ、ブイヨン（熱くない状態）カップ4分の1を加えて、なめらかなピュレにする。これが大切なクロロフィール。ピュレをボウルなどに移した後、ミキサーは洗わずおく。

4　**2**の野菜が十分煮えたら火から下ろし、熱いうちに**3**のミキサーでなめらかにする。こし器を通してきれいな鍋に戻し、**3**のピュレと牛乳を加え、残りの塩で調味する。残りのブイヨンで濃度も調節する。

かんどころ

クレソンはペティナイフなどで軸と葉に分け、別々に水に浸ける。２回ほど水を替え、汚れを落とす。

クレソンの軸は小口切りにし、じゃがいもが七分どおり軟らかくなってから（左の状態）加える。

炒めた後、野菜類がひたひたになるくらいの鶏ブイヨンと、塩半量を加え、ふたをして煮る。

蒸らし炒めの間に、葉を湯引く。ざるにひとつかみずつ葉を入れ、塩湯に2呼吸沈め、氷水にさらす。

湯引いて刻んだクレソンをミキサーに入れ、熱くないブイヨンを加えて半液体状のピュレにする。

仕上げにピュレと牛乳を加え、残りの塩で調味する。残りのブイヨンで濃度も調節する。

目にもからだにも心地よい

スープというのは、つくづく心地よい食べ物だと思う。特に野菜がたっぷり溶けたスープは、何とやさしい食べ物なのだろう。

私が初めてクレソンのポタージュを学んだのは、二十年以上も前だ。その時教えていただいた辰巳先生のスープは、まだフランス式の手法を用い、出来上がりはくすんだ緑色だった。

時を経て、スープの会が始まる頃はもう、葉先を静かに湯引いてミキサーにかけ、仕上げる寸前に加える方法になっていた。辰巳先生ならではの進化がなされたもの。

青菜類は案外、乳幼児や高齢者、病人にとって食しにくく、生のままでは消化もしにくい。ポタージュ・リエにすることで、格段に口にしやすくなる。

クレソンは微量のミネラルと多くのビタミン類を含み、解毒作用もあると聞く。ご病人に、ぜひ飲んでいただきたいスープである。緑のポタージュは小松菜やかぶ、野沢菜、にらなどでも応用できる。そんなスープはいずれも、あさりなどの貝類と相性がよいようだ。味ばかりでなく、滋養の点でも互いを補う。小松菜、かぶ、野沢菜でつくる場合はいずれも葉先と茎を分けた後、茎も湯引いて小口切りにし、蒸らし炒めること。緑のスープで細胞がすみずみまで喜ぶような心地よさを感じていただきたい。

（文・辰巳芳子スープの会　矢板靖代）

クレソンのポタージュ 展開例

オートミールとの供し方

オートミールカップ1を水カップ2、塩小さじ2分の1と鍋に入れ、弱火にかける。好みの濃度になるまで木べらで混ぜ続け、皿に盛ってスープをきせる。病人に供する時などは、スープの濃度をやや高めてオートミールとの一体感を出すとよい。

白いんげん豆と野菜のオムレツ(つくり方54ページ)を添えて。サラダやフランスパンを加えると、献立として完璧。

青菜のスープに添える

白いんげん豆と野菜のオムレツ

材料

にんにく…1片
たまねぎ…中1個、セロリ…1本
ピーマン（パプリカでも可）…1～3個
しいたけ（マッシュルームでも可）…大3枚、いんげん（さやのもの）…100グラム、トマト…大1個
ハム…50～100グラム
オリーブ油…大さじ2～3
白いんげん豆（ゆでたもの）…カップ1と2分の1（ゆで方は98ページ）
卵…10個、塩・こしょう…各適宜
パルメザンチーズ…適宜
バター…大さじ3

下拵え

にんにくはみじん切りにする。たまねぎ、セロリ、ピーマン、しいたけ、ハムはすべて1センチ角に切る。いんげん（さやのもの）はさっとゆで、1センチ長さに切る。皮を湯むきし、種を除いたトマトは1・5センチ角に切る。

つくり方

1　30ページの要領で、にんにくとたまねぎから蒸らし炒めを始める。

2　**1**にセロリ、ピーマン、しいたけ、さやのいんげんを加え、しんなりするまで蒸らし炒める。

3　トマトとハム、白いんげん豆も加え、弱火でさらに10分間蒸らし炒め、塩とこしょうで調味して水分がなくなるまで煮る。

4　割りほぐした卵に塩とこしょうを軽く振り、3分の2の量を**3**に流し入れて大きく混ぜ、半熟の炒り卵にする。

5　耐熱皿に薄くバター（分量外）を塗り、**4**を平らになるように入れる。表面に残りの溶き卵を流し入れ、おろしたチーズを振る。バターをちぎってところどころに載せ、２００度のオーブンで表面の卵が半熟になるまで焼く。

第四章

酷暑に備える汁もの

スープはつくり手のやさしさを
知らず知らずに滋養する仕事だと思う。
まず食べる人の身になって
スープの種類・食材を選ぶ。
その日その日の食材の質に合わせて、
作り方を手加減する。
たとえ粗く切り、仕事を早く終えたいと
感じても自分を抑制して、法則に従う。
ヒトが人になる故である。

食生活に先取り意識を取り入れる

エジプトのピラミッドは、たまねぎを労務者に食べさせ仕上げたという故事より学び、夏に備えて新たまねぎのスープをつくり始めた。

このスープの眼目は、四～五センチの小ぶりのたまねぎをまるごと使うところ。包丁を用いぬので、男性でも子供でもつくり得る。

小ぶりとはいえ、たまねぎをこの分量、なかなか食べられぬもの。このスープのごとく、ぽったり、するっと旨味を含んだ炊き方をすると、難なく食せる。そして確かに力になる。

その上、大麦を添えてある。オリーブ油、昆布、梅干しの力も添えてある。

新たまねぎの季節は五〜六月。しっかりこのようなものを食し、湿度の高い、島国の夏に負けず、夏雲を精気に満ちて仰げる日々を送って欲しい。

最大の注意は、よいたまねぎを日常的に探しておくこと。美味なるたまねぎと有機大麦を入手することにかかっている。

からだにしみ入る力

新たまねぎのぽったら煮

新たまねぎのぽったら煮

材料

新たまねぎ（直径4～5センチのものが理想的）…12～13個
鶏手羽先…7本（※参照）
レモン（輪切り）…2枚
昆布…5センチ角4～5枚
梅干しの種（果肉を取る）…3個
オリーブ油…大さじ2
ローリエ…2枚
水…カップ9程度（※参照）
塩…小さじ2以上
大麦（押し麦）…60グラム
※鶏手羽先を用いる場合は水を使うが、よい鶏のブイヨン（市販品166ページ）が入手できる人は鶏手羽先を用いず、水に代わりブイヨンだけを使うがよい。

つくり方

1 煮くずさないため、たまねぎの葉つき、根つきの部分は深くは切り落とさない。汚れを除く程度に薄く切る（64ページ指の写真）。鶏手羽先は関節の部分で切り分ける。鍋に湯（分量外）を沸かし、レモンの輪切りを浮かべ、鶏手羽先を入れる。再び煮立ったら鶏を引き上げ、流水でよく洗う。

2 鍋底に形を整えたたまねぎを並べ、**1**の鶏、昆布、梅干しの種、オリーブ油、ローリエを入れ、材料がかぶるだけのひたひたの水を注ぐ。

3 塩小さじ山盛り1を加え、着火する。はじめは中火の強で炊き、煮えがついたらアクをとって火を弱め、ふつふつと煮る。たまねぎが七分どおり透明になったところで鶏、昆布、梅干しの種を取り出す。

4 大麦は事前に水で洗い、そのまま10分ほど水にさらし、ざるにあげて水気をきる。**3**の鍋に、大麦を加える。

5 **4**を炊きながら様子をみて、残りの水で濃度を調整する。大麦は必要に応じて炊く時間を変え、硬さを加減する。たまねぎが十分煮えたら、塩で味を調える。

かんどころ

葉つきと根つきの部分は汚れを除く程度に薄く切る。葉つきも根つきも深く切り落とさない。

材料を鍋に入れ、水を注ぐ。分量にかかわらず、水は材料がひたひたになる程度に注ぐ。

材料に底味をつけるため、塩小さじ山盛り1を加える。最初から入れなければ、風味が落ちる。

静かに煮てたまねぎが七分どおり透明になったら、鶏手羽先、昆布、梅干しの種を取り出す。

大麦は事前に洗い、10分ほど水にさらしておく。ざるにあけ、水気をきって鍋に加える。

大麦を炊きながら様子をみて、残りの水で濃度を調える。左の状態で炊き上がり。塩で調味する。

素材を選び一年中楽しみたい

口にすると血行がうながされ、からだが軽くなるような食べもの。それがたまねぎのスープだろう。子供からお年寄りまで、どなたにも食していただきたい。

病院の栄養士が内科の医師に問い合わせたところ、鶏のスープ、たまねぎ、大麦、オリーブ油の栄養的な相乗効果がすばらしいと、評価されたとも聞いた。

私どもがさまざまなスープを作る時、昆布、梅干し、オリーブ油を使うことが多い。滋養になる昆布にはアクを引き寄せスープを澄ませる効果が、底味をつける梅干しには防腐効果が、オリーブ油にはすべての素材のくせや刺激をやわらげる効果がある。

今回のぽったら煮は鶏のブイヨンに代わり、鶏手羽先を使っている。だし代わりにした鶏手羽先は、鍋から取り出した後、サラダの具などに転用できる。よいブイヨンを使える人はもちろん、鶏手羽先を用いず、ブイヨンだけでつくってよい。

ぽったら煮のたまねぎは、スープから取り出してみそ汁の具にすることができる。また、たまねぎを碗に受け、葛でとろみをつけた鶏そぼろを上から流せば、立派に一品として食膳へ載せることもできる。

よい素材を選び、夏だけではなく一年中つくりたいこのスープ。さまざまな展開を楽しみたい。

（文・矢板靖代）

新たまねぎのぽったら煮 展開例

グラタン風

たまねぎの上部を少々へいで並べ、生パン粉にパルメザンチーズ、こしょう、パセリのみじん切り、塩を混ぜたものをのせ、オリーブ油を振り、オーブントースターで焼く。

ポトフ風

ぽったら煮からたまねぎを取り、じゃがいも、にんじん、セロリ、キャベツ、トマトを加える。煮えたらたまねぎを戻し、塩で調味する。

ぽったら煮は白い碗に受け、フランスパンを添えた。途中でとり出した鶏手羽先は野菜とともに、サラダに仕立てている。

相乗作用のおもしろさ

茄子に無駄花がないのは、

「夏の命をささえてあげますよ」

と、茄子が言っている故だそうだ。

その茄子に大麦を添える。即ち二種を一椀にしたことによって、茄子のコリンで肝臓をいたわり、大麦のビタミンBで酷暑の足取りが軽くなる。

医食同源が形になった。

加えて、麦の何が、茄子の性根の美点を引き出すかわからないが、大麦は小麦にはない、独自の科学的理由を秘めているのだと思う。大麦食方法の新視点と思う。

このスープの妙味は、
大麦リゾットを炊き、
それを種々に展開なしうる
ところにある。

からだの芯を冷やさない

なすと大麦のスープ

なすと大麦のスープ

材料
なす…中7〜8個
たまねぎ…150グラム
ベーコン（ブロック）…100グラム
大麦（押し麦）…70〜100グラム
ローリエ…1〜2枚
鶏のブイヨン…カップ8〜10
オリーブ油…大さじ2
白ワイン…カップ4分の1
塩…小さじ1と2分の1〜小さじ2
薬味
青じそ、みょうが…適宜

下拵え
たまねぎはみじん切り。ベーコンはかならず外側のいぶした部分を切り落とし、湯引きして7ミリ厚さの拍子木に切る。大麦はさっと洗って水に10分ほどさらし、ざるにあげて20分おく。

つくり方

1　30ページの要領で、たまねぎとローリエから蒸らし炒めを始める。

2　**1**にベーコンを加える。ベーコンの脂が鍋中にしみ出るまで炒め、大麦と塩少々（分量外）を加える。数分間、炒めて白ワインを加え、アルコール分を飛ばす。

3　**2**の鍋に大麦が炊けるだけの鶏のブイヨンを加える（ひたひたの状態よりやや多い量）。ふたをして中火の強、煮立ったら弱火にし、大麦リゾットを軟らかく炊く。

4　濃い塩水（いずれも分量外）を張ったボウルを2つ用意する。へたを落としたなすの皮をむき、実と皮を別のボウルにさらす。実はひとすじ皮をむくたび、むいた部分を塩水につけ、むき終えたらボウルに放してアクを抜く（77ページ指の写真）。ここまでを蒸らし炒めの間にすませておくとよい。

5　大麦が炊ける頃、**4**のなすを拍子木に切って軽く水洗いし、新たに用意した塩水（分量外）にくぐらせる。水気をきって鍋に加え、ふたをして煮る。

6　なすにスープがなじんだら様子をみて、残りのブイヨンで濃度を調節し、塩で調味する。盛り付けて、薬味に青じそとみょうがの千切りを添える。

かんどころ

たまねぎとローリエから蒸らし炒めを始め、刺激臭がしなくなったら、湯引いたベーコンを加える。

大麦と塩を加えて数分間蒸らし炒め、白ワインを加えてアルコール分を飛ばすようにする。

ひたひたの状態より、やや多めのブイヨンを加えて、米と同じような要領で大麦を炊く。

なすはアクを収めるため、皮をむくたびむいた部分を塩水につけ、むいた実と皮も塩水にさらす。

大麦が炊ける寸前になすを拍子木に切り、スープがなじむ程度まで、くたくたにならぬよう煮る。

様子をみて、残りのブイヨンで濃度を調節し、塩で調味する。左の状態が出来上がり。

ふたつの食材が力を補い合う

なすは、からだのほてりを鎮めるという。そして、からだを温める効果を持つ大麦は、冷房で冷える方にすすめたい。なすと大麦のスープはからだに清涼感を与えつつ、芯を冷やすことがない。季節の食材がたがいを補い、スープの力を強めている。

大切なのは、まずなすのアクを塩水で収めること。こうすれば実のまわりに塩水の膜ができ、アクがスープに滲出せず、旨味がスープに逃げずにすむ。なすを炒めるような際も、塩水の膜があると、多量の油を吸わなくなる。

大麦を炊く前に油で蒸らし炒めるのは、大麦臭を抑え、旨味を添えるためである。少量の塩を加えると割れにくく、形がくずれることがない。白ワインも大麦のにおいを除き、ほのかな酸味を加える。入手できるなら、セイボリーというしそ科のハーブ（サボリと表記することもある）を加えると、すっきりした香りが楽しめるだろう。

皮をむき、アクを除く方法にさえこころを配るスープ作りを、面倒に感じる方もいるかもしれない。しかし、余分に作れば工夫次第で手間が省け、皮さえ膳に載せることができるのだ。

知人にこのスープをお届けした時、こう言われた。

「ああ、からだがほっとした。癒やされたみたいだ」

癒やすという言葉を安易に用いたくないが、この時は心からうれしく思った。

（文・矢板靖代）

なすと大麦のスープ 展開例

大麦リゾット

75ページのつくり方3で大麦が軟らかく炊けたら、粗熱をとって冷凍する。後日解凍してなすを切るところから始めれば、時間短縮。

なすの皮のきんぴら

なすの皮を1.5センチの角切りにし、洗って水気を十分にきる。鍋にサラダ油をひいて皮を炒めつけ、砂糖、酒、しょうゆ、赤唐辛子の順に加え炒める。

献立の一例

なすと大麦のスープは白い鉢に受けた。千切りにしたじゃがいもの素揚げに載せた、舌びらめのフリッターを主菜に。

鶏のブイヨンに代えて

和の一番だし

なすと大麦のスープは、鶏のブイヨンの代わりに、和の一番だしを使っても美味。さっぱり食したい方へはむしろ、和のだしのほうが向く。

ここではわが家の一番だしのつくり方を紹介する。

材料

水…カップ10
昆布…5センチ角10枚
かつお節…40グラム

下拵え

鍋に水カップ10と昆布を入れ、最低でも1時間はおく。浸してすぐに水の味を確かめておくと、どれほど旨味が出たのか、後に確認しやすい。

つくり方

1　昆布をつけおいた鍋を中火の強の火にかける。昆布の縁に小さな気泡がつき、ゆらりとしたら火を弱める。

2　アクを取りながら沸騰直前の状態を保ち、味をみて十分に旨味が出たなら昆布を取り出す。どれだけ煮れば旨味が出るのか、昆布によって違うため必ず味をみて確かめる。味が引き出されるまでだいたい15～20分。昆布を除いた汁は昆布だしといって、精進だしのひとつ。

3　昆布を取り出したら、盃1杯程度（分量外）の水を加えて鍋の温度を下げ、かつお節を鍋全体に広げるように入れる。かつお節がいったん沈んで浮いてきたら味をみて用意しておいたこし器でこす。この間は5呼吸ほどで、あまり長く煮ない。雑味が出るので、こす時はかつお節を押さえ込まない。

4　だしを保存するときは再び50度程度まで加熱して、低温殺菌する。冷蔵で3～4日は保存が可能。

母・浜子が昭和二十一年から
自家製トマトで家族に飲ませていた。
洋風料理を習わずして、
香味野菜三種を当たり前のごとく
添えたところが、
天性というものであろうか。

比類なき美味

トマトジュース

トマトジュース

材料

完熟トマト…1キログラム
たまねぎ…100グラム
にんじん…70グラム
セロリ…50〜70グラム
にんにく…1片
ローリエ…1枚
パセリの軸…数本
白粒こしょう…5粒
塩…小さじ1
砂糖…小さじ1〜2
水…カップ1〜1と2分の1

下拵え

たまねぎ、にんじん、セロリは1〜2ミリの薄切りにする。にんにくは軽くつぶしておく。トマトは水を張ったボウルにさらし、ぬれた布巾などで汚れをぬぐう。

つくり方（トマトのへたをくり抜くには169ページで紹介するナイフが最適）

1　トマトはへたを上に向けてまな板へ据える。右手に持ったペティナイフをへたの周囲に差し入れ、左手でトマトをまわしながら、へたをくり抜く。手に持ったままの作業は危険で、はかどらない。

2　トマトは酸味があるので、ほうろうの鍋を使う。**1**のトマトを鍋の上に運び、汁や種も無駄なく鍋中に入れるため、両手でちぎるように割り入れる。

3　残りの材料をすべて鍋に加え、上から穴あきレードルで押しつぶす。材料を入れる時、砂糖はトマトの甘みで加減する（十分に甘ければ加えなくてもよい）。水はジュースを引き出すために入れるもので、ここではカップ1程度に控える。

4　最初は中火、煮えがついたら弱火にし、ふたをあけたままトマトがくずれるまで20〜30分煮る。様子をみて必要なら水を加え、火を止める。

5　4からにんにくと香味野菜を除き、こし器でこす。汁だけでなくトマトの実もこしていく。こしたら鍋に入れ弱火にかけ、50度程度で低温殺菌する。冷蔵庫で冷やしてグラスに注ぎ、飲む際にレモン汁数滴を落とすと美味。

トマトジュース かんどころ

トマトをよく洗ってへたを上にまな板へ据え、左手でまわしながらペティナイフでへたをくり抜く。

最初は中火、沸騰したらかならず弱火にし、ふたをあけたままトマトがくずれるまで20〜30分煮る。

にんにくと香味野菜を除き、こし器でこす。汁だけでなくトマトの実もこしていく。

番外篇 夏につくりおくトマトソース

サルサ・ポモドーロ・フレスカ

サルサ・ポモドーロ・フレスカ

材料

たまねぎ…150グラム
にんにく…1片
トマト…800グラム強
オリーブ油…大さじ2
バター…大さじ2
バジルの葉、又はローリエ…3枚
塩…小さじ1
こしょう…少々
砂糖…小さじ1〜2

下拵え

たまねぎとにんにくはみじん切りにする。たまねぎの刺激臭が強い場合は、にんにくとともにふきんに包んで流水で洗い、水分を固く搾っておく。トマトは皮をむき、種を除いて粗い角切りにし、味をみて酸味の強さを確かめる。

つくり方

イタリアやスペインの家庭ではみそ汁のようなもので、これをつくらぬ人はいない。西欧料理は、これがつくれるようでなければ始まらない。

1　30ページの要領で、たまねぎとにんにくを蒸らし炒める。

2　たまねぎの炒め方がソースの基本なので、たまねぎが金色になるまで根気よく蒸らし炒める。

3　たまねぎの刺激臭が抜けてよい香りが立ち、色が変わり、いよいよ蒸らし炒めが完成しそうになったら、バターを加える（バターを使わぬ場合は、**1**でオリーブ油を大さじ4使う）。

4　**3**にトマト、バジル、塩、こしょうを加え、トマトの酸味が強い時は砂糖を多めに加える(十分に甘ければ加えなくてもよい)。20分ほど弱火で煮て、火を止める。

※たくさんつくって冷凍保存しておくとよい。卵料理と相性がよく、スパゲティはもちろん、チキンライスにかけても美味。用途によっては裏ごしする。

秋の栄養素で夏の手当を

にんじんのジュース

つくり方

毎朝、これを飲む人と飲まぬ人の差は、歴然たるものがある。自己救済術の一つ。ジューサーでもよいので召し上がれ。

1　大きめのにんじん1本にりんご2個、レモンが1個というのがこのジュースの比率。たくさんつくる時もこの比率を守る。材料は新鮮なほど美味。まずレモン1個分の搾り汁を用意し、厚めに皮をむいたにんじんにレモンの搾り汁少々を振る。酸味があるのでセラミックスかステンレスのおろし器を用意し、にんじんを擂《す》る。

2　おろしたにんじんをガーゼやさらし布で包み、手で搾ってボウルの中にジュースを落とす（搾りかすは別に取りおく）。ジューサーを使うと色がやや落ちる。

3　りんごは皮をむき半分に切って塩水にさらし、外側からおろして最後に芯が残るようにする。にんじんを搾った布を使い、**2**のボウルに同じように搾る。

4　**3**をグラスに注ぎ、レモンの搾り汁を適宜落とす。にんじんの搾りかすは、たまねぎのみじん切り、オリーブ油、酢、塩を加えて混ぜ、トーストに載せ供してもよく、サンドウィッチの具材にもなる。

この国の食料事情は
厳しくなるばかりである。
二十一世紀を生き抜くには、
あらゆる変化に
対応なしうる知性と、
一に稽古、二に稽古の
練習量が必要。さまざまな豆を
薄い塩味で食すことも、
日本のだしを使いこなすことも、
未来を生きる稽古につながる。

第五章
風土の豆 日本の海

二つの下拵えを一つに

ガリシア風　白いんげん豆のスープ

ガリシア風スープ　①豆の下拵え

基本的な炊き方

スープを食生活の土台にしてほしい。

第一に紹介するのは、ガリシア風白いんげん豆のスープ。イベリア半島の人々は、豆に頼っていたと思う。それ故に、スペインには賢い豆料理が多々ある。これもその一つであり、地に足のついた食方法である。面白味は、いんげん豆の下拵えと、肉の下拵え、二つの拵えを一つにするところ。段取りさえこなせばたっぷり、楽しく食せる典型例だ。まず豆の下拵えから、稽古を始める。

材料

白いんげん豆（乾燥）…カップ2、香味野菜（たまねぎ…小1個、にんじん…70グラム、セロリの茎…70グラム、ローリエ…1～2枚）、クローブ…3～5粒、オリーブ油…大さじ2～3、湯（40度）…適量

下拵え

たまねぎは皮をむき縦半分、にんじんも皮をむき縦半分にして5センチ長さに切り、セロリは7〜8センチ長さに切る。クローブはにんじんに刺すとよい。

つくり方（104ページを参照）

1　白いんげん豆は洗ってカップ10の水（豆の容積の5倍の水）に浸し一晩おく。重曹を使う場合は水に小さじ1を入れる。

2　翌朝、重曹の影響を除く仕事をする。浸した水を捨てて豆を洗う。鍋に豆を戻し、水カップ6（豆の容積の3倍の水）を注いで中火にかけ、煮立ったら弱火にし、泡が出てきたら火から下ろす。給湯の下に鍋を据え、上から40度ほどの湯を注ぎ入れる。湯を用いるのは豆を驚かせぬため。お湯が入れ替わったら静かに豆を洗う。

3　豆をざるに上げて鍋に戻し、豆の3センチ上まで新たに湯を注ぎ、香味野菜と残りの材料を加える。中火にかけ煮立ったら弱火にし、豆が八分どおり（指で押すとつぶれるけれども硬さが残る）煮えたら火から下ろし、豆以外の材料を出す。

ガリシア風スープ②肉の下拵え

スペアリブのブイヨン

材料

スペアリブ（骨付き）…800グラム
下処理用の塩…28～40グラム（スペアリブの重さの3・5～5％）
レモン（輪切り）…2～3枚
香味野菜
　たまねぎ…130グラム、にんじん…80グラム、セロリの茎…130グラム、ローリエ…2枚（たまねぎは縦半分、にんじんも皮をむき縦半分にする。セロリは縦半分にしてぶつ切りに）
昆布…5センチ角3～4枚
干ししいたけ…3～4枚、水…適量

下拵え

スペアリブは必ず塩漬けにする。バットに網を敷き、塩をまぶした肉を並べて（写真）密封し、冷蔵庫で2～3日間寝かせる。余分な水分が下に落ち、旨味が増す。

つくり方

1　寝かしたスペアリブをレモンを浮かべた湯で湯引き、水で脂や汚れをきれいに洗い流す。大きめの鍋にスペアリブと香味野菜、昆布、干ししいたけを入れ、材料の2センチほど上になるまで水を注ぎ、火をつける。

2　火ははじめ中火の強、煮立ったら弱火にする。アクを取りながら竹串がすっと肉に通るようになるまで、1時間30分ほど静かに煮る。途中でゆで汁が減ったら、2センチ上を保つように水を足す。二重鍋を使う場合は、煮立った後にアクを取りながら10分ほど弱火で煮て、外鍋の中へセットし（就寝前をすすめる）、6時間程おく。

3　**2**の鍋から香味野菜と、昆布、しいたけを除き、粗熱がとれたら鍋ごと冷蔵庫や涼しい場所へ一晩おく。白く固まった脂は穴のあいたレードルですべて取り除く。

4　**3**の鍋からスペアリブを取り出す。ゆで汁はこして煮立てない程度に火を通し、ブイヨンとしてさまざまに使う。保存する時は冷めてから、肉とともに容器に移す。

豆も肉も冷めてから汁ごと保存、
冷凍庫で3か月は保存可能

ガリシア風スープ　③仕上げ

肉と野菜を一つにする

材料

冷凍保存した白いんげん豆と煮汁…全量
冷凍保存したスペアリブとブイヨン…適量
キャベツ…400グラム
かぶ…4個、トマト…1個、塩…適量

下拵え

キャベツは芯と葉に分け、芯は斜め薄切り、葉はざく切り。かぶは茎を少し残して皮をむき、縦4つに切る。トマトは丸のまま、へただけをくり抜く。

つくり方

1　白いんげん豆とその煮汁、スペアリブとそのブイヨンを解凍する。

2　鍋に**1**の白いんげん豆と煮汁、スペアリブを入れる。

3　**2**にひたひたより少し上になるよう、スペアリブのブイヨンを加える。

4　トマトを加えて中火にかけ、沸騰したら弱火で煮る。

5　豆が完全に軟らかくなったら、キャベツを入れる。かぶはすぐに煮くずれてしまうので、少し時間をおいてから加える。すべての野菜が鍋に入ったら野菜に味がなじむまで煮る。

6　塩で味を調える。その際、スペアリブやブイヨンに含まれる塩分を考慮する。トマトを取り出す。適当に切って具としてもよい。

※スペインではピメントンというパプリカの一種をスパイスとして用いる。入手できる人は、4でトマトとともに、大さじ2分の1〜1程度加えるとよい。

かんどころ

白いんげん豆の基本的な炊き方の例。最後に豆の3センチ上まで湯を注ぎ、香味野菜と炊くところ。

キャベツは食感を揃えるため、芯は斜め薄切り、葉はざく切りに。かぶは皮をむき、縦4つに切る。

豆と煮汁、スペアリブとブイヨン、トマトを鍋に。キャベツは豆が完全に軟らかくなったら加える。

沸騰してからは弱火にする。すぐに煮くずれてしまうので、かぶは最後に加える。

仕上げに、塩で味を調える。ピメントン（入手困難な場合はパプリカ）で香りを補うのもよい。

育ち盛りの子供たちにすすめたい

風土のせいだろうか、スペインのいんげん豆は皮を感じさせない軟らかなものが多い。日本の豆にはそこまで期待ができない故、重曹水に浸し、皮を軟らかくする。

ところがある年、長野県飯山市を訪れた時、まるで天使のようにやさしい豆と出合った。地元の農家が庭で育てたという自家用の豆で、形はいまひとつだが、煮てみるとあっという間にふっくらと仕上がり、ため息が出るようなおいしさである。スペインや南米などでは豆を一晩浸す下処理すらしないと聞くが、この豆に出合って納得がいった。

スペイン北西部のガリシア地方は、キリスト教の聖地サンティアゴ・デ・コンポステーラへと続くサンティアゴ巡礼路で知られる。豆類のスープはこの地方の日常食で、昔は沿道の家々から巡礼者へふるまわれていたという。本場では塩豚を加えるが、ここでは塩漬けのスペアリブを使った。スペアリブなら骨から引き出される栄養も摂ることができる。肉と豆の滋養が溶け、一皿でさまざまな栄養素が補えるスープは、日本でもぜひ日常食にしたい。

肉の下拵えでできるスペアリブのブイヨンは、みそ汁のだしとしても使える。スペアリブとブイヨンに里いもやこんにゃくなどを加え、みそかしょうゆで調味して、いも煮鍋に仕立てる工夫もできるだろう。

（文・矢板靖代）

白いんげん豆のスープ

肉と豆の滋養が溶けたスープは、それだけでさまざまな栄養素を補える。トマトのサラダやパンを添えて。

イタリアのけんちん汁
ミネストローネ

ミネストローネ

材料

たまねぎ…170グラム
にんにく…1片
にんじん…125グラム
セロリの茎…150グラム
キャベツ…5～6枚
じゃがいも（メイクイン）…300グラム
ゆでた白いんげん豆（ゆで方98ページ）…カップ1と2分の1、その煮汁…適量
トマト…250グラム
ローリエ…1～2枚
鶏のブイヨン…カップ7～10
オリーブ油…大さじ4
塩…小さじ2～3
パルメザンチーズ…適量
パセリ…適量

下拵え

たまねぎは1センチ角に切り、にんにくは薄切り。にんじん、セロリ、じゃがいもは1センチ角に切って10分以内で水にさらし、水気をきる。キャベツは芯を薄切り、葉は2センチ角に切る。トマトは皮を湯むきし、へたをくり抜き、種を除いて1・5センチ角に切る。

つくり方

1　30ページの要領で、たまねぎとにんにくから蒸らし炒めを始める。

2　次ににんじんを加え、にんじんがつやつやとしてきたらセロリを加え炒める。さらにキャベツの芯、じゃがいもの順に投じ、蒸らし炒めを続ける。

3　**2**の野菜が八分どおり軟らかくなったら、最後にキャベツの葉を加えて軽く炒め合わせ、蒸らし炒めを終える。

4　**3**の鍋にゆでた白いんげん豆を煮汁少々と加え、トマト、ローリエも加えてひたひたにブイヨンを注ぐ。塩半量を入れて底味をつけ、アクをすくいながら20～30分煮る。

5　スープの濃度に注意しながら、残りのブイヨンを注ぐ。味を確かめて残りの塩で調味する。供する時、おろしたチーズとみじん切りにしたパセリを添える。

純和式のありがたみ

たらとじゃがいものブイヤベース

日本人でなければつくれない

たらのブイヤベースは、和洋の食文化が原点において誠に心地よく、目立たなく合体した成功例と思う。このスープを昆布とかつお節の一番だしで拵え、ある国際婦人会で講習をしたら、後々までの語り草になったとか。

　フュメ・ドゥ・ポワソンと呼ぶ西欧系の魚のだしの引き方は、美味、清らかなすまし汁、鯛《たい》や鱸《すずき》の潮汁を知るものにとって、いかにも疑問が残る（むろん栄養上は参考にすべき）。

この疑問を、たらとじゃがいもを主体とした質素なるスープで、解決してみようとした。

即ちまず解説にある通り、煮干しでだし（一番だしより強く淡白なたらを補える）を引き、たまねぎ、にんじん、セロリの香味野菜をオリーブ油で炒める。これに煮干しだしを加え、静かに炊き合わせる。このようにすると予想以上に煮干しの痕跡は消失する。さらに少量のトマトでも加えれば、完全に出自からして西欧となる。

注意事項は、たらの産地と、そうでないところの魚身の下処理である。産地でないところのたらはかならず、皮を包丁の先でしごき、においを除く。

先々までも、たらが求めやすい魚であることを願っている。

ブイヤベース ①だしをひく

煮干しだし

煮干しの鍋の材料
煮干しの粉（下段参照）…大さじ3
水…カップ3

昆布と干ししいたけの鍋の材料
昆布…5センチ角5〜6枚
干ししいたけ…小5〜6枚（大2枚）
水…カップ7

煮干しの粉をつくる

光沢のある煮干しを入手する。頭と身に分け、頭のえらにつく血塊を除く。身は背の部分に親指を、腹の部分に人指し指をあて、つぶすように押して割き、はらわたをとる。

頭と身は火が通る時間が違うため別々に炒る。平鍋を火にかけ、鍋が温まったら蛍火にし、身を入れる。香りが立ち、ぽきりと折れる状態まで20分ほど炒り、頭も同様に炒る。身も頭も擂鉢《すりばち》などで粗い粉にして一緒にびんに入れ、冷蔵庫や冷凍庫で保存する。

つくり方（煮干しの粉をつくる時間のない人は167ページの市販の粉を参照）

1　前ページのような手順で煮干しの粉をつくっておく。

2　ふたつの小鍋に分量の「煮干しの粉と水」「昆布と干ししいたけ、水」をそれぞれ入れて、最低でも1時間はそのままおく。別の鍋に入れるのは、煮干しのくせを昆布などに影響させないため。

3　**2**のふたつの鍋を同時に弱火にかける。先に煮干しの鍋に煮えがつくので、沸騰する直前のふつふつとした状態を保つように火を加減する。昆布と干ししいたけの鍋も煮えがついたら同様にする。

4　味をみて旨味が十分に出ていたら、水で湿らせた布をざるに敷き、煮干しのだしを昆布と干ししいたけの鍋へこし入れる。煮干しの旨味が出るのは煮えがついてから数分のこともあり、10分弱かかることもある。

5　**4**を沸騰直前に保ち、10～20分煮る。旨味が限界まで引き出されたら、昆布としいたけを取り除く。布で再度こすのがていねいな方法。しいたけはさまざまな料理に応用できる。

ふたつの小鍋で材料を煮始める

ブイヤベース ②仕上げ

たらとじゃがいもをだしで炊く

材料

甘塩たら…600グラム

じゃがいも（メイクイン）…中4〜5個、砂抜きあさり…400グラム

白ワイン…少々、にんにく…1片

オリーブ油…大さじ3

煮干しだし…カップ13

香味野菜

たまねぎと長ねぎ…合計150グラム（半々、たまねぎのみでも可）、セロリの茎…100グラム、にんじん…70グラム、ローリエ…2枚

白粒こしょう…8粒

トマト…200グラム、塩…小さじ1〜2

カレー粉…小さじ1〜3（サフラン代わり）

下拵え

にんにくとたまねぎは薄切り、長ねぎとセロリ、にんじんは千切り。じゃがいもは一口大に切って10分以内で水にさらす。トマトは皮をむき角切りに。あさりに塩（分量外）を振り、両手で殻をこすって水洗いする作業を3回繰り返す。水気を切って平鍋に並べ、白ワインで酒蒸しに。口を開いた貝の身のない殻をちぎり、蒸し汁はこす。

たらの下拵え

甘塩たらのにおいは皮にある。故に皮を包丁の先で黒い汁が出なくなるまで繰り返ししごく。60～70度の湯（分量外）を沸かし、輪切りレモンを数枚（分量外）浮かべる。たらを二口大のころりとした形に切り、2～3分湯引く。冷水にとってよく洗い、ざるに上げる。塩たらではなく、新鮮な生たらを用いる場合は、軽く塩をして一晩おく。

つくり方

1　30ページの要領で、にんにくから蒸らし炒めを始める。香りが立ったら香味野菜と白粒こしょうを加え、ふたをして蒸らし炒める。

2　**1**にじゃがいもを加え、ひたひたになる程度の煮干しだしと貝の蒸し汁を注ぎ、トマト、塩小さじ1を加えて静かに炊く。じゃがいもが九分どおり軟らかくなったら、たらとあさり、風味付けにカレー粉を加えて温めるように数分間炊く。

3　魚介から塩分が出るので、味を確かめてから、塩や残りのだしで調整する。鍋ごと供してもよく、小鍋に分けてもよい。ガーリックトーストやパセリを添えて。

かんどころ

上はあさりに塩を振り、殻をこすって水洗いする仕事。その後白ワインと鍋に入れ、ふたをして蒸す。

たらは皮にあるにおいを除くため、うろこと黒い汁が出なくなるまで包丁の先でていねいにしごく。

にんにくから蒸らし炒めを始め、香味野菜と白粒こしょうを加え、左のような状態まで炒める。

じゃがいもを加えて煮干しだしと貝の蒸し汁を注ぎ、トマト、塩小さじ１も加えて静かに炊く。

じゃがいもが九分どおり軟らかくなったら、たらとあさり、カレー粉を加えて温める。

左の状態が出来上がり。魚介から塩分が出るので、味を確かめて、必要なら塩やだしを足す。

瑞々しい風味を取り戻す手法

ブイヤベースの良さは何と言っても、季節の魚を丸ごと一尾、汁とともに楽しめること。魚介の下処理に手間はかかるが、処理さえ終えればさほどの面倒もなく、つくりやすいスープだと思う。

その魚介の下処理を、大事《おおごと》と思われる方も多いだろう。しかし、今回のスープでもっとも大切なのは、ていねいな魚介の扱いである。

例えばたらのうろこを取り、皮の表面の汚れを包丁で繰り返ししごき取る仕事。三〜四回しごいた後もまだ、黒い汚れが刃先にべったりとついてくる。その汚れを見ると確かに神経質になりがちだが、下処理は、たらを清潔にするためだけに行うわけではない。

たらは、そのくせの強さで敬遠されることもある。ところが水揚げされたばかりのものは瑞々しく、上品で繊細な味わいを持つ。都会では出合えない贅沢な風味に、下処理することで近づくことができるのだ。多少の時間はかかっても、試す価値は十分にある。

ブイヤベースには魚がごく新しければ、あらを直接煮出し、それをだしとして利用する手法もある。あらを是非用いたい時は、次のような処理をしていただければ万全だろう。

香味野菜を蒸らし炒め、洗ってレモンを搾った魚のあらを加える。あらを炒めながら木べらで叩き、骨髄の栄養をも引き出す。白ワインを振りかけてくせを抑えたら、水やトマトを加え、最低三十分は静かに煮てだしを引く。

手をかけることで生まれる贅沢な風味を楽しんでいただきたい。

（文・矢板靖代）

たらのブイヤベース 展開例

トーストを浮かべて

供し方の一例。ガーリックトーストをブイヤベースに浮かべ、白ワインなどを添えれば、もてなしの一品として用いることが可能。

たら昆布

下処理したたらは、すまし汁にすることも容易。たらと昆布をだしで静かに温め、しょうゆと塩、煮切った酒で調味し、ゆずやさらしねぎを添える。昆布は細く切って載せている。

上はほうぼうを使ったブイヤベース。たらと違い骨が多い故、骨切りして下処理する。トーストや、サラダを添えて。

第六章 色も味わうポタージュ・リエ

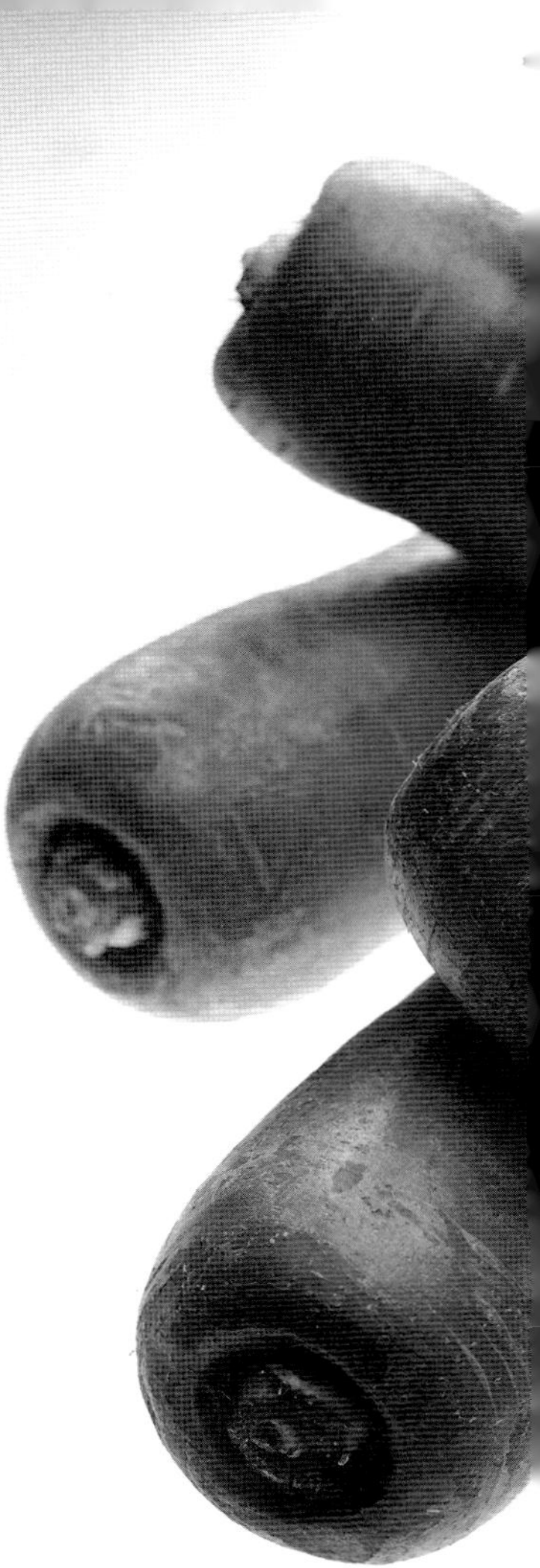

ものに火が通った味、その滲み出た汁の旨味、
焼いたものとは異なる味わい、
思い巡らすにこの食べ心地を私たちのご先祖方は、
何からどのように知ったのであろう。
若しかして、大きな大きなあの貝であったかもしれぬ。
覚えている方がいらっしゃるかな、
昔々、大きな大きなひだのある貝殻に
水を張ってほてい草などを浮かべ、
玄関先においてあったあれである。

ひとえに野菜の良否にかかる

ポルトガル風にんじんのポタージュ

ポルトガル風 にんじんのポタージュ

材料

新にんじん…500グラム
たまねぎ…150グラム
にんにく…1片
トマト…250〜300グラム
米…60グラム
ローリエ…1枚
オリーブ油…大さじ3〜4
鶏のブイヨン…カップ4〜6
塩…小さじ2、牛乳…カップ1〜2

下拵え

にんじんは皮をむいて4〜5ミリ厚さの小口切りにし、10分以内で水にさらす。たまねぎは1〜2ミリ厚さの薄切り、にんにくも薄切りにする。トマトは皮と種を除いてざく切り、米は洗ってざるに上げておく。

つくり方

1　30ページの要領で、たまねぎとにんにく、ローリエから蒸らし炒める。

2　次ににんじんを加え、にんじんの旨味を十分に引き出したところで、米と塩少々（分量外）を加える。にんじんが言うに言われぬつやを帯びてきたら、トマトを加えて炒め続ける。

3　全体がつやつやになった状態で、蒸らし炒めを終える。つやを認める前に鶏のブイヨンを加えてはならない。ブイヨンを材料ひたひたに加え、塩半量も入れ、ふたをして沸騰するまで中火の強、煮えがついたら弱火でふつふつと煮る。

4　米が軟らかくなるまで、**3**の鍋を煮続ける。火を止める時は、すべての材料が軟らかく、スープがなじんだ状態で、美味な香りに満ちている。

5　火を止め、ローリエをとり出して、粗熱をとって熱いうちにミキサーにかける。全体がなめらかになったら、こし器でこしながらきれいな鍋に戻す。

6　鍋を再び火にかけ、残りのブイヨンと牛乳を加えて濃度を調節し、残った塩で味を調える。浮き実を載せて供する。

かんどころ

たまねぎから蒸らし炒め、刺激臭が抜けたらにんじん、米と塩（分量外）の順に加える。

にんじんがつやを帯びてきたらトマトを加え、焦がさないように蒸らし炒めを続ける。

全体につやを認める前に、ブイヨンを加えてはならない。ブイヨンと塩半量を加えて、煮る。

火を止める時は、すべての材料が軟らかく、スープがなじみ、美味な香りが広がっている。

熱いうちにミキサーにかけ、なめらかになったら、こし器でこしながらきれいな鍋に戻す。

再び鍋を火にかけ、残りのブイヨンと牛乳で濃度を調節する。残った塩で調味する。

栄養の宝庫を食べやすく

にんじんは、鮮やかな橙《だいだい》であるほどカロチンを豊富に含む。抗がん作用が期待でき、目や肌、腸に効くといわれる万能野菜だ。カロチンは油に溶けると摂取されやすくなるため、にんじんスープは栄養学的にも理に適っている。仕上がりも美味。にんじん臭がどこにもなく、食べ心地がとろりとなめらかなことに驚かれるだろう。

にんじんのくせを抑えて味を引き締めるのがトマトで、米はとろみをつけるために加える。生米を使うのは、生の米だけが持つ旨味をスープに加えたいからである。

仕上がりを上等にするコツは、新鮮な材料を用いること。にんじんは色鮮やかなことはもちろん、葉付きの丸い部分が小さなものを選びたい。残りのブイヨンと牛乳でスープを仕上げる際は、季節や供する人に応じて濃度を変えるとよい。一般に、さらりとしたスープは夏、とろりとしたスープは冬に向く。

このスープは軟らかく煮た白いんげん豆や、豚もも肉のビュレット（団子）、にんじんのグラッセなどを浮き実とすれば、十分主菜になる。ミキサーにかける前のにんじんを少しだけとっておき、浮き実としてもよい。

子供と病人向けのスープサービスで、もっとも好評なのがこのスープ。にんじんが苦手な方にもおいしく召し上がっていただけると思う。

（文・矢板靖代）

にんじんのポタージュ

にんじんのスープにガーリックトースト、ベーコンときのこマリネのサラダ、りんごのコンポートを添えて。

浮き実三種

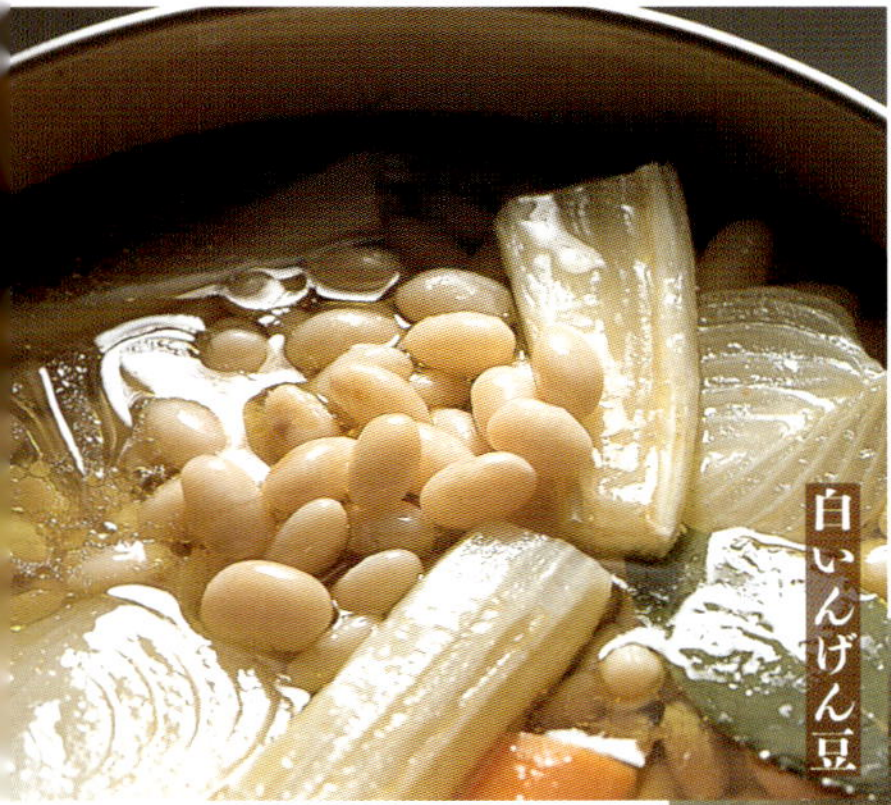
白いんげん豆

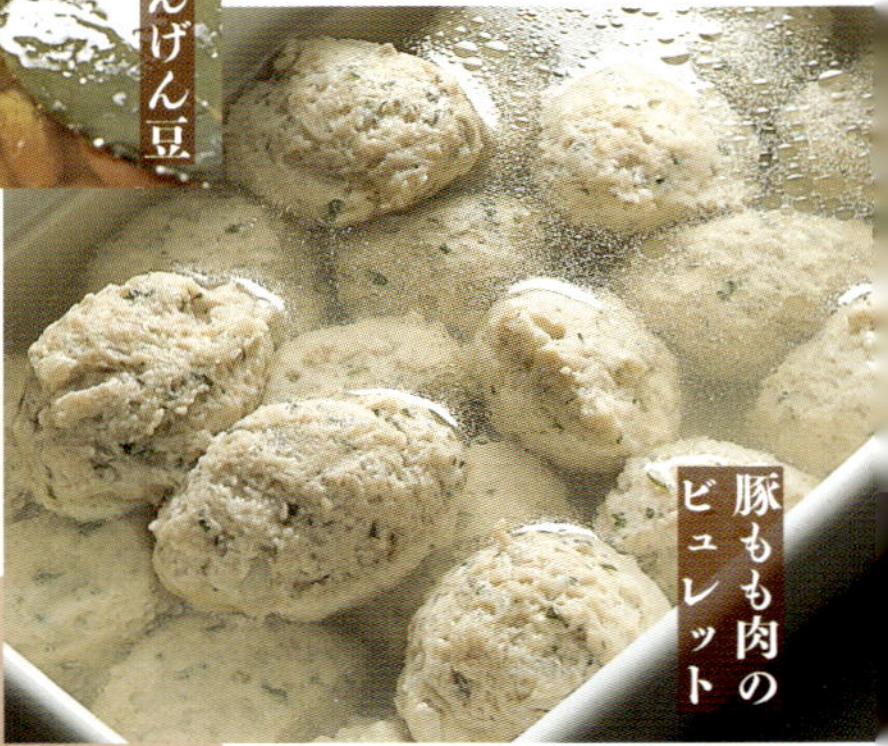
豚もも肉のビュレット

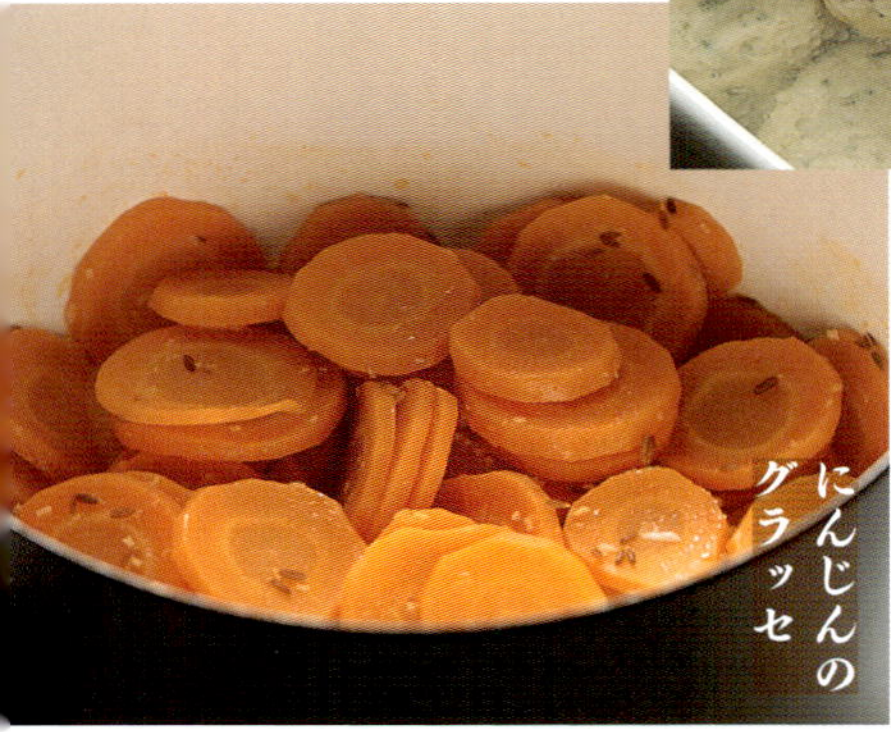
にんじんのグラッセ

浮き実のつくり方

浮き実をつくる一手間で、にんじんのポタージュは主菜になり得る。

白いんげん豆の基本的な炊き方は98ページを参照。

豚もも肉のビュレット

材料

豚ももひき肉…200グラム
たまねぎ…50グラム
パセリ…大さじ1、卵…2分の1個
塩…小さじ2分の1、こしょう…少々
水…カップ4分の1
片栗粉(浮き粉なら最高)…大さじ1と2分の1
肉のゆで汁
(水…適量、にんじん50〜70グラム、たまねぎ…小1個、セロリの茎…50〜70グラム、ローリエ…1枚、塩…適宜)

つくり方

1 ビュレットの種をつくる。豚ももひき肉、みじん切りにしたたまねぎとパセリ、卵、塩、こしょうをボウルに入れる。

水溶き片栗粉も加え、よく混ぜる。

2　鍋に肉のゆで汁の材料を入れ、煮立たせる。その際、にんじんとたまねぎは皮をむきまるごと加える。

3　**1**を一口大の団子状にまとめ、**2**で20分ほど煮る。鶏ひき肉を使ってもよい。

にんじんのグラッセ

材料

にんじん（3ミリ厚さの輪切り）…400グラム

にんにく（みじん切り）…少々

オリーブ油…大さじ1、クミン…少々

塩…少々

グラニュー糖…小さじ2分の1

水…適量、バター…適量

オレンジの果汁…1個分

つくり方

1　にんじんとにんにくをオリーブ油、クミン、塩、グラニュー糖とともに鍋に入れ、よく混ぜる。材料の半分の高さになるまで水を加え、バターを塗ったオーブンペーパーの紙ぶたをして煮る。

2　水気がなくなったらオレンジの果汁を加え、再び水分が飛ぶまで煮る。

カリフラワーのポタージュ

白い野菜のビタミンは熱でこわれぬ

カリフラワーのポタージュ

材料

カリフラワー（スープと浮き実用）…500グラム
たまねぎ…150グラム
ローリエ…1枚
じゃがいも（男爵）…300グラム
セロリの茎…150グラム
米…カップ4分の1
鶏のブイヨン…カップ6
牛乳…カップ1～2
オリーブ油…大さじ3、塩…小さじ2

下拵え

たまねぎは4つに割って3ミリ厚さの薄切り、セロリも小口から薄切りにする。じゃがいもは皮をむき1センチ厚さの小口切りにし、10分以内で水にさらす。カリフラワーの房は小房に取り、全体の3分の2を粗いみじん切り、残りは浮き実用にする。茎は皮をむき2つに割って小口切りに。軟らかい葉は刻んで使う。浮き実用の小房は熱湯で七分どおりゆで、火を止め、余熱で軟らかくする。

つくり方

1　30ページの要領で、たまねぎとローリエから蒸らし炒めを始める。

2　じゃがいも、セロリ、カリフラワー（浮き実用以外の小房、茎、葉）の順に加える。

3　カリフラワーを加えた後も、時々ふたをあけて蒸らし炒めを続ける。カリフラワーが144ページ指の写真のような状態になったら、洗って水気を切った米を加え、さらに炒める。

4　材料が五分どおり軟らかくなったら、蒸らし炒めを終える。鶏のブイヨンをひたひたに注ぎ、塩半量を加えて煮る。

5　野菜が完全に軟らかくなった状態で、鍋を火から下ろす。ローリエを除いて粗熱をとり、熱いうちにミキサーにかける。なめらかになったらこし器でこしながら、きれいな鍋へ戻す。

6　牛乳を注いで塩半量で調味し、濃度を見ながら残りのブイヨンを加える。用意した小房の他、ハムなどを浮き実とする。

かんどころ

房の3分の2は粗いみじん切り、残りは浮き実に。茎は皮をむき小口切り、軟らかい葉は刻む。

鍋にたまねぎとローリエ、オリーブ油を入れ、混ぜてから火をつけ、蒸らし炒めを始める。

カリフラワーを加えた後も蒸らし炒めを続け、左のような状態で米を加えてさらに炒める。

ブイヨンと塩半量を加え、野菜が軟らかくなるまで煮る。写真の状態で火から下ろす。

ローリエを除き、粗熱がとれたらミキサーにかける。こし器でこしながら、鍋へ戻す。

ポタージュ・リエで介護に落ち着きを

病院食にスープをと願うようになったきっかけは、父の看護だった。

父は八年の間、半身不随で、言語障害を伴っていた。体力が落ちてからは、一品一品を食べこなすのにも大変な苦労を伴うのが、素人目にも明らかだった。

のどに麻痺があるため水を飲んではむせ、食べ物を飲み込むたびに胸が激しく上下するようになった。

ひとつの椀に米や野菜、肉などが渾然一体となったスープ。食事がそう変わっていったのは、至って自然なことである。

ポタージュ・リエと呼ぶ、とろみのついたスープは、全くむせないので嚥下困難の者にはもっとも適切であり、介護する方も、される方も大安心。

落ち着いた看護は、賢さである。適切な方法のみがもたらすものだ。これは食に限らない。

冬に備え風邪を予防する

かぼちゃのポタージュ

かぼちゃのポタージュ

材料

かぼちゃ…500グラム
たまねぎ…75グラム
長ねぎ…75グラム
トマト…100グラム
ローリエ…1～2枚
オリーブ油…大さじ3
鶏のブイヨン…カップ5
牛乳…カップ1～2
塩…小さじ1と2分の1～小さじ2
イタリアンパセリ…適宜

下拵え

かぼちゃは皮をむいて右上の写真の形に切り、たまねぎは1～2ミリ厚さの薄切り、長ねぎは3ミリ厚さの小口切り、トマトは皮と種を除いて1センチの角切りにする。

つくり方

1　30ページの要領で、たまねぎとローリエから蒸らし炒めを始める。残りの野菜を長ねぎ、かぼちゃ、トマトの順に加え、蒸らし炒めを続ける。下の写真のように野菜がつやを帯びたら、蒸らし炒めを終える。

2　鶏のブイヨンを材料がひたひたになるまで加え、塩半量も入れて、ふたをして煮る。はじめは中火の強にし、沸騰したら火を弱める。ふつふつと煮て、かぼちゃが十分に軟らかくなったら火を止める。

3　ローリエを除き、粗熱をとって熱いうちにミキサーにかける。こし器でこしながらきれいな鍋に戻す。

4　鍋を再び弱火にかけ、残ったブイヨンと牛乳を加えて濃度を調節する（上の写真）。この時、火が強いと焦げやすいので注意する。残りの塩で味を調え、好みでイタリアンパセリを散らす。

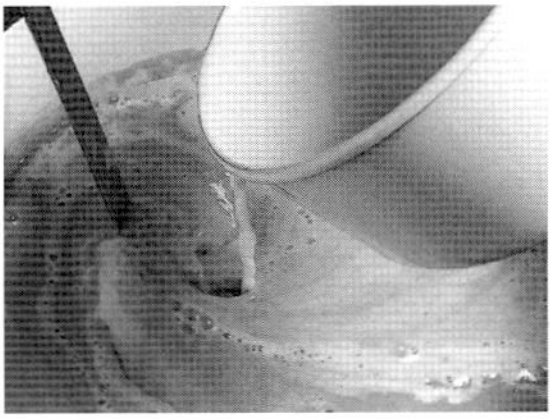

第七章 珠玉のポタージュ・クレール

洋を代表する煎汁

野菜のコンソメ

つくるということは、
いのちを傾けてつくる、
故につくった人のいのちは、
つくった汁ものにお供して
しずまり逝く方の細胞の
隅々まで共に運ばれる。
救いに通じる癒やしは、
おのずからここにあると思う。

野菜のコンソメ

材料

じゃがいも（メイクイン）…500グラム
たまねぎ…150グラム
セロリ…130グラム
にんじん…130グラム
昆布（5センチ角）…4枚
梅干し…1個
干ししいたけ…小4～5枚
ローリエ…1枚
水…目安としてカップ6～7（この定量を注意深く保つ）、塩…小さじ1～2

下拵え

じゃがいもは1センチ厚さの小口切り、たまねぎは半分に割り、3ミリ厚さの薄切り。セロリは5ミリ厚さの小口切り、にんじんは5ミリ厚さの小口切りにする。じゃがいもとにんじんは、切り終えたら10分以内で水にさらし、ざるに上げて水気を切っておく。

つくり方

1　野菜の質と切り方でたとえようもない味を出す故、下準備を万全に。

2　ほうろう（なければステンレスかセラミックス）の鍋を用意し、すべての野菜と昆布、梅干し、干ししいたけ、ローリエを入れ、材料の2センチ上まで水を注ぎ、塩小さじ2分の1を加える。

3　鍋にふたはせず、中火の強の火にかけて煮立ったら中火の弱にする。そのままふつふつと煮て20分ほどで昆布を引き上げる。

4　さらに20〜30分、弱火の強でほたほたと煮るが、この間に味がくずれやすいので味をみて、旨味を十分に感じたら時間内でも火を止める。**3**と**4**の仕事中、湯（水ではなく）を補いつつ、具材の上2〜3センチという水分の定量を保つ。

5　火を止め、ただちにスープを静かにこす。布を敷いたこし器を通して、スープを別の鍋に注ぎ入れる。

6　**5**を再び弱火にかけ、味をみて塩を足し、火を止める。この時、スープを煮立てないように注意する。完成したコンソメも残った野菜も、さまざま展開できる。

かんどころ

じゃがいも1センチ、たまねぎ3ミリ、セロリ5ミリ、にんじん5ミリの厚さに切る。

鍋にすべての材料を加え、材料の2センチ上まで水を注ぎ、塩小さじ2分の1を加える。

中火の強の火にかけて、煮立ったら中火の弱にする。20分ほど煮て昆布を引き上げる。

さらに20〜30分煮るが、間で水分量を保つよう湯を補う。旨味を感じたら時間内でも火を止める。

火を止め、ただちにこす。コンソメは再び弱火にかけ、味をみて塩を足す。野菜もさまざま使える。

さながら一つの使命を帯びた汁もの

スープ、汁ものを大別すると、二つに分類できると思う。
①旺盛ないのちを、いたわり力づけるもの。
②弱っているいのち、弱りゆくいのちの、その弱りに応じた力添えを果たす。さながら一つの使命を帯びているもの。

②の汁ものの類は以下の如きものと思う。
おすまし汁（精進だしを含む）
しいたけの煎汁
野菜コンソメ
肉の軽いコンソメ

煎茶、又は玉露

いのちがしずまる方は、氷を欲しがりなさると、看護の専門家にきいた。玄米煎汁、野菜コンソメ、玉露、煎茶を氷状にするのは賢いと思う。製氷皿で固め、必要量を砕いて含ませる。

つくるということは、いのちを傾けてつくる、故につくった人のいのちは、その氷片にお供してしずまり逝く方の細胞の隅々まで、共に運ばれる。一つになれるのである。

逝く方へ美味しさを差し上げたい理由はここにあるのではないか、「一つになる」。美味という自然のゆきつくところの深意かと思う。

ここに於いて、平常の稽古の意味が判然とする。無から有を手にすることはできない。一に稽古、二に稽古のみである。

「人、友のためにいのちを捨つ、これより大いなる愛はない」と聖書にあるが、こうしていいのちを分けあたえることは、出来るのである。

スープと野菜の展開例

コンソメのゼリー寄せ

コンソメの葛引きがゆ

ポテトサラダ

オムレツ

野菜のコンソメスープの展開例

野菜コンソメはそのやさしい味ゆえに、お茶代わりにも食せる。その他もさまざまな展開ができ、左の例は嚥下困難な方に最適。

コンソメのゼリー寄せ

野菜コンソメをゼリーにし、供する時は肉のコンソメを上に注ぐ。コンソメのダブルである。

コンソメの葛引きがゆ

鍋にコンソメを入れて弱火にかけ、混ぜながら水で溶いた葛粉を少しずつ加える。十分にとろみをつけたら、コンソメを煮だした後に残ったにんじん、セロリを細かく切ったものを浮かべ、白かゆ（米1に対し水5の割合で炊く）の上からかける。

野菜のコンソメ 残り野菜の展開例

ポテトサラダ

残った野菜はくずれる程、軟らかい。故に、別に、さらしたまねぎ少々、きゅうりの塩もみなどを加え、塩、こしょう、マヨネーズで調味する。

オムレツ

野菜の塩味を調え、ほぐし卵に加え、オムレツにする。160ページの写真のごとく、サルサ・ポモドーロ・フレスカ（89ページ）をかけるとなかなか美味。

野菜コンソメは野菜のエキスだから、野菜料理の延長にあるものと考える。ローストビーフなどの肉類とよく調和する。

巻末のレセピ

鶏のブイヨンを手づくりする

材料

鶏手羽先…7〜10本（本来は鶏の首骨5本、鶏手羽先5本が最高）
昆布…5センチ角5枚
干ししいたけ…大3枚
水（昆布としいたけ用）…カップ3
レモン（輪切り）…2枚
香味野菜
たまねぎ…150グラム
にんじん…75グラム
セロリ…75グラム
ブーケ・ガルニ…適宜（パセリの茎1本、ローリエ1枚でも可）
白粒こしょう…10粒、水…カップ10

下拵え

鶏手羽先は関節で先ともとに切り分け、もとは切断面の反対の端も小さく切り落とす。首骨を用いる場合、出刃などの重い包丁で骨が割れるまでたたき、味を出しやすくする。昆布と干ししいたけは水カップ3に1時間ほど浸しておく。

つくり方

近頃、鶏のブイヨンはよい市販品が完成した（166ページ）。スープをつくる頻度の高い人は、市販品に頼るべきかもしれぬ。まず自分で、という方のために。

1 レモンの輪切りを浮かべた湯（分量外）を煮立たせ、鶏手羽先を入れる。再び煮立ったら引き上げ、流水でよく洗う。首骨を用いる場合も同様に脂を除く。

2 深い鍋に**1**の鶏、香味野菜と白粒こしょうを入れる。たまねぎとにんじんは皮をむきまるごと、セロリはふたつに切って入れる。昆布と干ししいたけも浸した水ごと加え、別に水カップ10を注ぎ、中火の強の火にかける。

3 煮えがついたら火を弱め、アクをとりながらことことと1時間ほど煮る。途中30分ほどで野菜類を引き上げ、さらに30分煮る。

4 味をみてだしが十分に出ていたら火を止め、布などでこす。保存する時はこした後、再び煮えがつくまで静かに火を入れる。冷凍庫で1か月保存できる。

※ブイヨンを保存しにくい蒸し暑い季節は、**2**で塩小さじ1を加え煮る。

おすすめの食材、調理道具の一覧

旨味の材料

◉鶏のブイヨン（問合せ先＝茂仁香）

チキンクリアスープ200

4320円（200g×10パック）

2年齢以上の親雌鶏を丸のまま4時間以上煮たブイヨンを冷凍したもの。化学調味料は無添加、100％天然素材。大半のスープのだしとして利用でき、幅広く使える。冷凍保存で賞味期間1年間、使用の際は5～10倍に希釈する。**日本スープ**

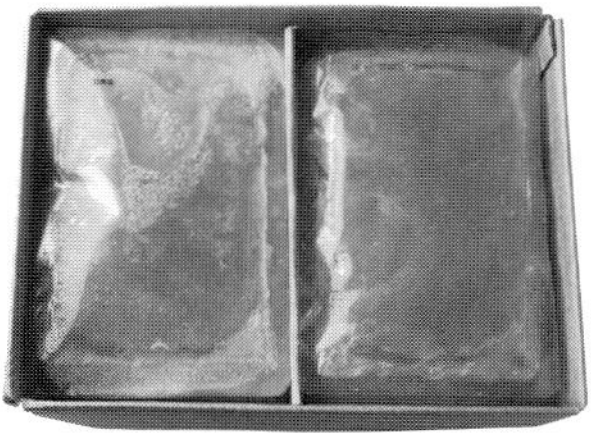

◉干ししいたけ（問合せ先＝茂仁香）

久住高原　かとうさんちの乾しいたけ

どんこ（100g）

1350円

香信（100g）

1134円

名人・かとうさん作の大分県産原木しいたけ。

かとうさんち

◉昆布とかつお節（問合せ先＝すべて茂仁香）

利尻昆布　４４３９円（３００ｇ）

切り落とし昆布　２８０８円（５００ｇ）

利尻昆布は北海道産最高級の昆布。切り落とし昆布は上質の利尻昆布の形を整える際にでき、茶褐色の部分もあるが、ていねいに扱えば日常に使える。そうべい／茂仁香

花かつお（四季重宝）１７２８円（１６０ｇ）

厳選された一本釣りの鰹が原料の本枯節。まるてん

◉煮干しだし類（問合せ先＝すべて茂仁香）

煮干しいりこ　８６４円（２５０ｇ）

香川県の伊吹島周辺でとれる片口いわし。上品なだしが引ける。やまくに

潮の宝　１２９６円（10ｇ×８パック）

黒潮の力　１４０４円（11ｇ×８パック）

潮の宝は瀬戸内海の片口いわしのはらわたなどを除いて炒り、粉末にしたもの。国産しいたけ入り。黒潮の力は高知県産かつおの中骨を炒って粉末に。乾燥にんじん、しいたけ、ねぎ、しょうがを加えた。やまくに

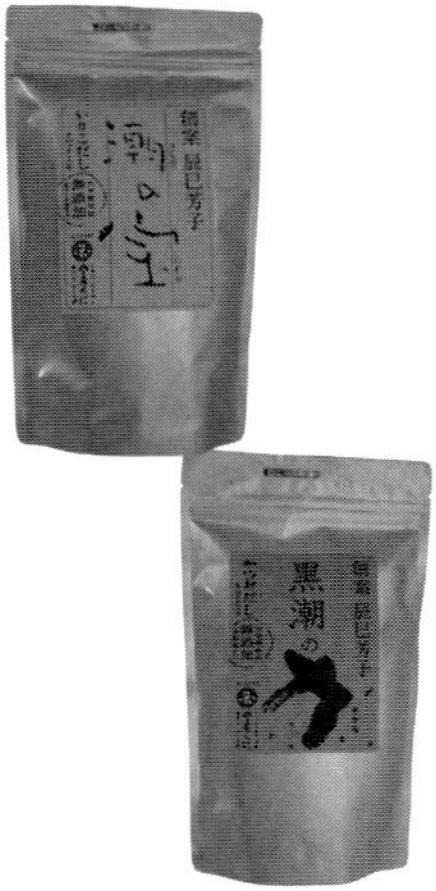

調味料と野菜

◉**油と塩**（問合せ先＝茂仁香）

EXVオリーブオイル　ノストラーレ

2430円（500ml）

最高の収穫期に手摘みで実を選別して採り、化学的処理は一切施されていない。エクストラバージンオイルは、ヴェルデ、オーロ、ノストラーレの3クラスに分けられる。ノストラーレは、その自然精製度の高さから、料理のほか化粧品や医薬品に使われ、オリーブ油の原点といえる純正品。**イタリア商事**

粟国の塩　1296円（500g）

粟国島近海の海水を釜炊きした塩。デパートや大手スーパーも扱う。**沖縄海塩研究所**

◉**梅干し**（問合せ先＝茂仁香）

龍神梅　1101円（280g）

和歌山県龍神村の無農薬、無化学肥料の梅でつくった梅干し。**龍神自然食品センター**

◉**野菜類**（問合せ先＝それぞれを参照）

じゃがいも　佐々木商店（北海道）

にんじん　さんぶ野菜ネットワーク（千葉）

有機無農薬野菜全般を販売しており、時期によってジュース用のにんじんも扱っている。

道具

◉ペティナイフ、布など
（問合せ先＝ＳＤ企画設計研究所／茂仁香）

ゼルボ皮むきナイフ　４１０４円
（ステンレス／刃渡り78㎜）
手になじむドイツ・ゾーリンゲンのナイフ。刃渡り55㎜もある。ＳＤ企画設計研究所

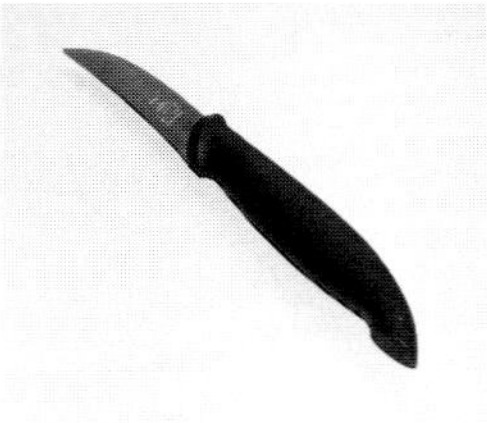

コットン１００％クッキングシート
６７０円（30枚入り）
スープをこす際の不織布。日清紡

＊商品の価格は税込み、２０１５年6月現在のものです。

●茂仁香　☎ 0467-24-4088　http://monika.co.jp/

◎ＳＤ企画設計研究所　☎ 045-450-5331
http://www.yk.rim.or.jp/~4_5indij/

◎佐々木商店　☎ 0136-45-2435　Fax 0136-45-2588

◎さんぶ野菜ネットワーク　☎ 0475-89-0590　Fax 0475-89-3055
http://www.sanbu-yasai-net.or.tv/

スープの保存法

冷凍、冷蔵の心得

スープは一度に相応の量をつくらねば、本来の味を引き出すことができない。二人前、四人前などという量では、到底、美味にたどりつけない。故に、一食で消費しきれぬこともある。

そこで考えるべきが、いかに保存するかということだ。

また、どなたかにスープを差し上げたい際などは、容器はどれか、いかに冷やすか、梱包はどうするか、頭を悩ますことになる。

長年の経験から、美味を保つコツは、どんな時もあらかじめ容器

じゃがいもをつなぎとするスープは、急ぎ冷やさなければ味を保つのが難しい

を用意し、手早く保存することにあると思う。食事を終えたらこれだけ余ったから、冷え冷えとしたスープを保存する、というのがもっともよくない。

理想的な保存法は次のとおり。

①保存袋、保存容器はどちらでもよいが、熱湯などで滅菌する。

②スープが熱いうちに袋や容器に入れ、流水などで急ぎ冷やす。

近頃は急速冷凍機能を持つ冷蔵庫もある。できたてを保ち冷凍、冷蔵できれば最高である。

逆に、解凍する際は、冷蔵庫でゆっくり自然解凍するのがよい。差し上げる場合は、袋や容器の大きさにも思いいたさねばならない。

締めくくりの言葉

矢板靖代

私は旅行を伴うような仕事から帰宅した際、真っ先に台所へ向かうことがあります。着替えより先に手を洗い、たまねぎの皮をむき、たまねぎのぽったら煮の準備をするためです。鍋を火にかける間に旅の始末をし、出来上がったぽったら煮をいただきます。時には、水にさらしたじゃがいもを鍋に加えることもあります。和の食材とはまた別の力を持つ洋の野菜を、ぽったら煮という簡素なスープにすることで、疲労をやわらげ、日常を取り戻せると思っているからです。

ぽったら煮だけではありません。病で体力が落ちている時も、台所に立つと、つらさも忘れ、からだが材料に引き寄せられるように汁ものをつくってしまいます。ですからみなさまも、ご自身をよろこばせ、周りの方々をよろこばせるために、どうか自然とお得意のスープを身につけてください。

いま私は、私の食に対する考えが、少しでも自分の子供たちへ伝わってくれれば、と願っています。すでに独立している子供たちの家庭もだしをひき、日々の食事づくりをしているようなので、生きる力は身についているのかもしれません。
最後に、この場を借りてご挨拶させていただきます。
長きにわたり教え導いてくださいました辰巳芳子先生、
辰巳先生のスープ教室でともに学び、ともに働いた方々、
各地で開かれたスープや料理の講習会で出会った方々、
新聞や雑誌に掲載された特集を読んでくださった方々、
私の活動を黙って支えてくれた夫、
スープを通じて出会ったすべての方々に、深く感謝を申し上げます。

やいた・やすよ
1980年から辰巳芳子に師事。女子栄養短大卒。栄養士。NPO法人「良い食材を伝える会」理事。「大豆100粒運動を支える会」幹事。「スープの会」の講師、助手を務める。神奈川県逗子市で老人給食「ちぐさの会」を15年間主宰した。著書に『家族いっしょに　お年寄りのやさしい献立』（共著・女子栄養大学出版部）。

辰巳芳子　たつみ・よしこ

1924年、東京都生まれ。料理研究家・随筆家。聖心女子学院卒業後、料理研究家の草分け的存在であった母・辰巳浜子のもとで家庭料理を学ぶ。宮内庁大膳寮で修業を積んだ加藤正之氏にフランス料理の指導を受け、その後イタリア、スペインなど西洋料理の研鑽を積む。父親介護の経験からスープに着目し、鎌倉市の自宅などで「スープの会」を主宰。雑誌やテレビなどのメディアを通じて料理を紹介する一方、東西の食文化の歴史、地球環境にも関心を抱き、食の大切さについて積極的に発信している。NPO法人「良い食材を伝える会」会長、「大豆100粒運動を支える会」会長。主な著書に『新版 娘につたえる私の味』（辰巳浜子との共著／文藝春秋）、『あなたのために　いのちを支えるスープ』『庭の時間』（ともに文化出版局）、『辰巳芳子の旬を味わう』『慎みを食卓に～その一例～』（ともにNHK出版）、『辰巳芳子のこと ことふっくら豆料理』（農文協）、『食の位置づけ～そのはじまり～』（東京書籍）、『いのちの食卓』（マガジンハウス）など。

料理制作スタッフ　矢板靖代、太田美千代、小出崇真子、伊藤光子

カバーデザイン　大久保明子　　本文デザイン　藤野輪

文春新書

795

辰巳芳子《たつみよしこ》 スープの手《て》ほどき　洋《よう》の部《ぶ》

2011年（平成23年）2月20日　第1刷発行
2015年（平成27年）6月30日　第6刷発行

著　者　辰巳芳子
発行者　飯窪成幸
発行所　株式会社　文藝春秋

〒102-8008　東京都千代田区紀尾井町3-23
電話（03）3265-1211（代表）

印刷／製本　凸版印刷

定価はカバーに表示してあります。
万一、落丁・乱丁の場合は小社製作部宛お送り下さい。
送料小社負担でお取替え致します。

ISBN978-4-16-660795-2

辰巳芳子

辰巳芳子 スープの手ほどき　和の部

みそ汁、鍋、かゆは、決して失ってはならない日本人の骨肉。栄養が大切とはいえ、美味なる季節感もまた大事。だしの引きかたから和のお汁ものを解説する、28種のレシピ集

辰巳浜子
辰巳芳子

新版　娘につたえる私の味

かつて昭和の家庭には、必ずこの本があった。家庭料理の決定版とされる母の名著に、現在の読者に必要な注釈、新レシピを付けて復刻。いのちを養う家庭料理の真髄を伝える

文藝春秋刊